marmiton

Noël
SANS SE RUINER

100 % certifié fait maison

60 RECETTES ET MENUS FESTIFS ET ABORDABLES

Michel Lafon

Sommaire

MENU BUFFET
CHACUN SE SERT !

MENU CARNIVORE
LA VIANDE À L'HONNEUR

MENU POISSON
PRENEZ LE LARGE !

MENU DE CHEF
POUR ÉPATER LA GALERIE !

MENU TRADI
ON SORT LES CLASSIQUES !

RECETTES

MENU BUFFET

CHACUN SE SERT !

RECETTE

MENU BUFFET
CHACUN SE SERT !

Filet mignon de porc SÉCHÉ

Pour	Préparation	Repos	Difficulté	Coût
12 personnes	**10 minutes**	**30 heures + 3 semaines**	**Très facile**	**Moyen**

INGRÉDIENTS

2 filets mignons de porc de 500 g chacun

1 kg de gros sel de mer

5 branches de thym

Mélange cinq baies

L'INDISPENSABLE

1 grand récipient hermétique

Préparez votre filet mignon séché 1 mois avant Noël.

1. Mettez une bonne couche de gros sel dans le fond d'un récipient hermétique un peu plus grand que les 2 filets mignons côte à côte. Déposez quelques branches de thym sur le sel, puis posez les filets mignons dessus.
2. Remettez quelques branches de thym sur la viande, et couvrez le tout de gros sel.
3. Fermez le récipient et mettez-le pour 30 h dans le bas du réfrigérateur, au-dessus du bac à légumes.
4. Au bout de ce temps, retirez les filets mignons du sel. Rincez-les sous l'eau froide et séchez-les bien avec de l'essuie-tout.
5. Déposez les filets mignons sur un torchon bien propre, poivrez-les généreusement de tous les côtés avec le cinq baies.
6. Enroulez-les dans le torchon et remettez-les dans le bas du réfrigérateur pendant 3 semaines.
7. Pour déguster ces filets mignons, coupez-les en tranches très fines au fur et à mesure des besoins, puis remettez-les dans le frigo.

ASTUCE
Préparez de la même façon du magret de canard séché.

RECETTE

MENU BUFFET
CHACUN SE SERT !

Cake au saumon,
CITRON ET ANETH

Pour	Préparation	Cuisson	Difficulté	Coût
10 personnes	**20 minutes**	**45 minutes**	**Très facile**	**Bon marché**

INGRÉDIENTS

200 g de saumon frais
½ citron
4 brins d'aneth
150 g de farine
1 sachet de levure chimique
3 œufs
10 cl d'huile de tournesol + pour le moule
2 cuil. à soupe de crème fraîche
100 g d'emmental râpé
Sel, poivre

L'INDISPENSABLE
1 fouet

1. Préchauffez le four à 190 °C (th. 6-7).
2. Coupez le saumon en morceaux et pressez le demi-citron.
3. Ciselez l'aneth.
4. Mélangez la farine et la levure dans un saladier. Faites un puits au centre.
5. Ajoutez les œufs, l'huile de tournesol et la crème fraîche. Mélangez jusqu'à obtenir une texture homogène.
6. Ajoutez le jus de citron, puis fouettez le mélange.
7. Incorporez le saumon, l'aneth et l'emmental. Salez et poivrez.
8. Versez la préparation dans un moule à cake huilé.
9. Enfournez pour 45 min.

CONSEIL BUDGET
Pour un cake moins onéreux encore, vous pouvez remplacer le saumon par de la truite.

RECETTE

MENU BUFFET
CHACUN SE SERT !

Quiche aux champignons,
ÉPINARDS ET ÉCHALOTES

Pour	Préparation	Cuisson	Difficulté	Coût
8 personnes	**20 minutes**	**40 minutes**	**Facile**	**Bon marché**

INGRÉDIENTS

1 pâte feuilletée

150 g de champignons de Paris

200 g d'épinards surgelés

3 échalotes

20 cl de crème fraîche

4 œufs

70 g d'emmental râpé

20 g de beurre

Sel, poivre

1. Préchauffez le four à 200 °C (th. 6-7).
2. Faites décongeler les épinards selon les indications du paquet.
3. Coupez les champignons en lamelles. Épluchez et hachez les échalotes. Faites-les revenir ensemble dans une poêle avec le beurre.
4. Quand ils sont tendres, ajoutez les épinards bien égouttés. Mélangez et retirez du feu.
5. Ajoutez la crème, les œufs battus et le fromage râpé. Salez et poivrez.
6. Étalez la pâte dans un moule à tarte beurré ou couvert de papier sulfurisé. Piquez-la à la fourchette. Versez la préparation et enfournez pour 30 min.
7. Servez cette quiche chaude ou tiède.

ASTUCES

Remplacez les champignons de Paris par d'autres champignons : shiitakés, petites girolles ou mélange forestier...

Vous pouvez également ajouter 250 g de jambon blanc en tranches épaisses coupés en dés à la préparation.

RECETTE

MENU BUFFET
CHACUN SE SERT !

Salade de chou rouge, AGRUMES ET GRENADE

Pour **6 personnes**

Préparation **15 minutes**

Difficulté **Très facile**

Coût **Bon marché**

INGRÉDIENTS

½ chou rouge

2 pomelos

3 oranges

½ grenade

6 cuil. à soupe d'huile d'olive

Sel, poivre

L'INDISPENSABLE

1 fouet

1. Pelez les agrumes à vif. Coupez-les en morceaux. Gardez le jus.
2. Émincez finement le chou rouge. Déposez-le dans un plat avec les agrumes.
3. Récupérez les graines de grenade en veillant à supprimer toutes les petites peaux blanches.
4. Fouettez l'huile avec le jus d'agrumes. Salez et poivrez. Versez sur la salade et mélangez.
5. Réservez au frais ou à température ambiante.

ASTUCE

Pour peler à vif un agrume, coupez d'abord ses extrémités. Posez-le sur l'une d'elles pour qu'il tienne bien, puis, à l'aide d'un couteau à lame fine, coupez l'écorce et la membrane blanche en suivant la forme du fruit.

RECETTE

MENU BUFFET
CHACUN SE SERT !

Bûche au caramel
AU BEURRE SALÉ

Pour	Préparation	Cuisson	Réfrigération	Difficulté	Coût
6 personnes	40 minutes	10 minutes	2 heures	Moyenne	Moyen

INGRÉDIENTS

Pour la ganache au caramel :
300 ml de crème liquide entière
200 g de sucre en poudre
2 cuil. à soupe d'eau
100 g de beurre salé
½ cuil. à café de fleur de sel

Pour le biscuit :
4 œufs
150 g de sucre en poudre
70 g de fécule de pomme de terre
15 g de beurre

Pour le glaçage :
100 ml de crème fleurette
½ cuil. à café de vanille en poudre
50 g de sucre glace
Perles de sucre

LES INDISPENSABLES

1 fouet
1 batteur électrique
1 poche à douille

1. Préparez la ganache au caramel. Faites chauffer la moitié de la crème liquide. Placez le reste au congélateur.
2. Faites chauffer le sucre en poudre avec l'eau dans une autre casserole jusqu'à ce que le caramel colore.
3. Hors du feu, ajoutez au caramel le beurre salé coupé en morceaux et fouettez. Incorporez la moitié de la crème chaude et la fleur de sel. Continuez de mélanger puis poursuivez la cuisson à feu doux pendant quelques minutes. Laissez ensuite refroidir le caramel.
4. Montez le reste de crème liquide en chantilly.
5. Incorporez-la délicatement au caramel refroidi. Réservez la ganache au réfrigérateur jusqu'au dressage.
6. Préparez le biscuit. Préchauffez le four à 180 °C (th. 6).
7. Séparez les blancs des jaunes d'œufs. Fouettez les jaunes d'œufs avec le sucre, ajoutez la fécule et mélangez.
8. Montez les blancs en neige et incorporez-les délicatement.
9. Étalez la pâte obtenue sur une plaque recouverte de papier sulfurisé bien beurré. Enfournez pour 10 min.
10. Retournez la plaque sur un torchon humide pour démouler le biscuit. Laissez-le refroidir.
11. Étalez la ganache sur le biscuit puis roulez-le et placez au réfrigérateur pour 2 h.
12. Préparez le glaçage. Montez la crème fleurette en chantilly avec la vanille en poudre et ajoutez le sucre glace. Nappez-en la bûche avec une spatule puis placez le reste dans une poche à douille lisse pour réaliser des petites boules de crème. Décorez avec des perles de sucre.

ASTUCE
Pour réussir votre chantilly, utilisez impérativement de la crème liquide entière bien froide. C'est grâce au gras qu'elle contient qu'elle montera correctement.

RECETTE

MENU BUFFET
CHACUN SE SERT !

Tiramisu en verrines

Pour	Préparation	Réfrigération	Difficulté	Coût
8 personnes	**15 minutes**	**4 heures**	**Très facile**	**Bon marché**

INGRÉDIENTS

3 gros œufs
100 g de sucre roux
1 sachet de sucre vanillé
250 g de mascarpone
16 biscuits à la cuillère
50 cl de café noir non sucré
30 g de cacao amer en poudre

LES INDISPENSABLES

1 fouet
1 cafetière
8 verrines

1. Séparez les blancs des jaunes d'œufs. Réservez les blancs.
2. Fouettez les jaunes d'œufs avec le sucre roux et le sucre vanillé dans un saladier jusqu'à ce que le mélange blanchisse. Ajoutez peu à peu le mascarpone et fouettez jusqu'à obtenir une préparation bien lisse.
3. Montez les blancs d'œufs en neige ferme. À l'aide d'une spatule, incorporez-les délicatement au mélange œuf-sucre-mascarpone. Réservez.
4. Trempez les biscuits à la cuillère dans le café.
5. Répartissez une première couche de biscuits coupés en morceaux au fond des verrines. Recouvrez d'une couche de crème au mascarpone. Disposez un second étage de biscuits, puis recouvrez du reste de crème.
6. Recouvrez les verrines de film alimentaire, puis placez-les au réfrigérateur pendant au moins 4 h.
7. Au moment de servir, saupoudrez la crème d'une bonne couche de cacao amer.

ASTUCE
Si vous avez des madeleines ou des brioches un peu sèches, utilisez-les à la place des biscuits à la cuillère. Cette version anti-gaspi sera tout aussi délicieuse !

RECETTES

MENU CARNIVORE

LA VIANDE À L'HONNEUR

RECETTE

MENU CARNIVORE
LA VIANDE À L'HONNEUR

Cannelés au chorizo ET AUX FIGUES

Pour	Préparation	Cuisson	Difficulté	Coût
30 mini-cannelés	**25 minutes**	**25 minutes**	**Facile**	**Bon marché**

INGRÉDIENTS

100 g de chorizo
4 figues sèches moelleuses
30 g de beurre
250 ml de lait
2 œufs
60 g de farine
100 g de comté râpé
Sel, poivre

L'INDISPENSABLE

1 moule à mini-cannelés

1. Préchauffez le four à 180 °C (th. 6).
2. Faites fondre le beurre. Ajoutez le lait et mélangez.
3. Coupez le chorizo et les figues en tout petits dés.
4. Versez la farine dans un saladier, puis ajoutez les œufs battus. Salez et poivrez.
5. Incorporez progressivement le mélange beurre-lait jusqu'à obtenir une pâte lisse.
6. Incorporez l'emmental, le chorizo et les figues.
7. Remplissez les empreintes d'un moule à cannelés aux deux tiers de pâte.
8. Enfournez pour 20 à 25 min. Vérifiez la cuisson avec la pointe d'un couteau. Elle doit ressortir propre.
9. Laissez tiédir, puis démoulez sur une grille.

ENTRÉE

RECETTE

MENU CARNIVORE
LA VIANDE À L'HONNEUR

Chaussons à la viande
AU CURRY

Pour	Préparation	Cuisson	Difficulté	Coût
10 chaussons	**10 minutes**	**10 minutes**	**Facile**	**Bon marché**

INGRÉDIENTS

1 pâte brisée
200 g de bœuf haché
½ oignon
1 cuil. à café de curry
½ cuil. à soupe d'huile d'olive
1 jaune d'œuf
Sel, poivre

L'INDISPENSABLE

1 pinceau de cuisine

1. Préchauffez le four à 200 °C (th. 6-7).
2. Pelez et hachez finement l'oignon.
3. Mélangez le bœuf haché, l'oignon, l'huile, le curry, du sel et du poivre dans un bol.
4. Découpez des disques de 8 cm de diamètre environ dans la pâte brisée avec un verre.
5. Garnissez-les de farce sur une moitié en laissant 1 cm de bord libre. Humidifiez le bord.
6. Refermez les chaussons en appuyant sur le pourtour pour bien le souder.
7. Badigeonnez au pinceau de jaune d'œuf dilué avec un peu d'eau. Enfournez sur une plaque allant au four recouverte de papier sulfurisé pour 10 min en surveillant la cuisson.

PLAT

RECETTE

MENU CARNIVORE
LA VIANDE À L'HONNEUR

Filet mignon de porc, SAUCE À L'ORANGE

Pour	Préparation	Cuisson	Difficulté	Coût
6 personnes	**20 minutes**	**30 minutes**	**Facile**	**Moyen**

INGRÉDIENTS

1 kg de filet mignon de porc
3 oranges
2 oignons
3 échalotes
40 g de beurre
4 cuil. à soupe de sirop d'érable
1 cube de bouillon de volaille
2 feuilles de sauge
1 cuil. à café de fécule de maïs
4 cuil. à soupe de graines de sésame grillées
Huile d'olive
Sel, poivre

LES INDISPENSABLES

1 zesteur
1 cocotte

1. Pelez et hachez les oignons et les échalotes.
2. Zestez les oranges et pressez-les.
3. Faites dorer le filet mignon sur tous les côtés dans une cocotte avec de l'huile d'olive. Salez et poivrez, puis réservez.
4. Ajoutez le beurre dans la cocotte et faites dorer les échalotes et les oignons. Quand ils sont translucides, ajoutez la viande.
5. Versez le sirop d'érable, le jus d'orange, les zestes (gardez-en quelques-uns pour le décor), le bouillon, les feuilles de sauge et 200 ml d'eau. Salez, poivrez et laissez cuire 20 min à couvert.
6. En fin de cuisson, délayez la fécule de maïs dans 1 cuil. à soupe d'eau froide, puis versez dans la cocotte et mélangez pour épaissir la sauce.
7. Saupoudrez de graines de sésame et décorez avec quelques zestes d'orange frais.

ASTUCES

Servez avec une purée de céleri-rave et de pommes de terre ou des tagliatelles.

Cette recette fonctionne aussi très bien avec du filet mignon de veau, mais le coût sera un peu plus élevé.

ACCOMPAGNEMENT

RECETTE

MENU CARNIVORE
LA VIANDE À L'HONNEUR

Légumes d'hiver GRILLÉS AU FOUR

Pour	Préparation	Repos	Cuisson	Difficulté	Coût
12 personnes	**20 minutes**	**20 minutes**	**30 minutes**	**Facile**	**Bon marché**

INGRÉDIENTS

12 petites pommes de terre
12 carottes
2 têtes d'ail
6 betteraves rouges crues
2 gros oignons
2 petits citrons
2 piments longs
Baies roses
2 branches de thym
2 bâtons de cannelle
3 feuilles de laurier
Huile d'olive
Fleur de sel, poivre

L'INDISPENSABLE
1 lèchefrite

1. Lavez les pommes de terre sans les peler ni les couper. Pelez les carottes et coupez-les en deux dans la longueur.
2. Coupez 1 tête d'ail en deux dans la hauteur. Séparez les gousses de la seconde, sans les peler, pour une cuisson en chemise.
3. Pelez les betteraves et coupez-les en quatre. Pelez les oignons et coupez-les en rondelles. Lavez les citrons et coupez-les en rondelles.
4. Versez 4 cuil. à soupe d'huile d'olive dans la lèchefrite. Ajoutez 1 cuil. à soupe de fleur de sel, des baies roses légèrement écrasées et du thym, puis étalez tous les légumes et aromates préparés dessus, ainsi que les piments, et mélangez bien pour les enrober d'huile et de sel.
5. Ajoutez les bâtons de cannelle et le laurier. Poivrez. Laissez reposer 20 min.
6. Préchauffez le four à 200 °C (th. 6-7) et enfournez pour 30 min environ. Les légumes doivent être tendres et les gousses d'ail fondantes.

ASTUCE
Ajoutez d'autres légumes : des panais, des rutabagas, des tranches de céleri-rave, de potimarron, de patate douce...

DESSERT

RECETTE

MENU CARNIVORE
LA VIANDE À L'HONNEUR

Salade d'orange, cannelle, MENTHE, PISTACHE ET FLEUR D'ORANGER

Pour	Préparation	Cuisson	Réfrigération	Difficulté	Coût
8 personnes	**20 minutes**	**5 minutes**	**2 heures**	**Facile**	**Bon marché**

INGRÉDIENTS

10 oranges

2 bâtons de cannelle

Quelques feuilles de menthe

100 g de pistaches concassées

2 cuil. à soupe d'eau de fleur d'oranger

200 g de sucre en poudre

1. Pelez les oranges à vif et coupez-les en fines tranches.
2. Portez 0,5 l d'eau à ébullition, ajoutez le sucre et les bâtons de cannelle et laissez frémir pendant 5 min.
3. Versez le sirop brûlant sur les fruits.
4. Laissez refroidir puis placez au réfrigérateur pendant 2 h.
5. Au moment de servir, ajoutez les pistaches concassées et des feuilles de menthe.

ASTUCE

Pour peler à vif un agrume, coupez d'abord ses extrémités. Posez-le sur l'une d'elles pour qu'il tienne bien, puis, à l'aide d'un couteau à lame fine, coupez l'écorce et la membrane blanche en suivant la forme du fruit.

DESSERT

RECETTE

MENU CARNIVORE
LA VIANDE À L'HONNEUR

Pavlova
AUX FRUITS EXOTIQUES

Pour	Préparation	Cuisson	Réfrigération	Repos	Difficulté	Coût
6 personnes	30 minutes	1 h 15	1 heure	1 heure	Très facile	Moyen

INGRÉDIENTS

Pour la meringue :

6 blancs d'œufs

340 g de sucre en poudre

1 ½ cuil. à café de vinaigre blanc

1 ½ cuil. à soupe de fécule de maïs

Pour la chantilly :

50 cl de crème liquide entière

35 g de sucre glace

Pour le montage :

2 kiwis

1 mangue

1 orange sanguine

¼ d'ananas

LES INDISPENSABLES

1 plaque à pâtisserie
1 batteur électrique

1. Préchauffez le four à 130 °C (th. 4-5).
2. Montez les blancs d'œufs en neige. Quand ils commencent à être fermes, ajoutez peu à peu et sans cesser de fouetter le sucre, le vinaigre et la fécule de maïs. Continuez à fouetter jusqu'à obtenir une préparation très ferme et brillante.
3. À l'aide d'une spatule, dressez la meringue en un disque haut de 8 à 10 cm sur une plaque recouverte de papier sulfurisé.
4. Enfournez pour 1 h 15.
5. À la sortie du four, laissez refroidir, puis placez la meringue au réfrigérateur pendant au moins 1 h.
6. Montez la crème liquide bien froide en chantilly. À mi-prise, intégrez le sucre glace, puis continuez de battre jusqu'à obtenir une crème Chantilly bien ferme. Réservez au réfrigérateur.
7. Préparez les fruits. Pelez et coupez les kiwis et la mangue en petits dés. Épluchez à vif l'orange à la pointe d'un couteau et détaillez-la en petits morceaux. Épluchez l'ananas, retirez les « yeux » et coupez-le en petits dés.
8. Une heure avant de servir, sortez la meringue à température ambiante. Répartissez dessus la crème Chantilly, puis les fruits.

ASTUCE
Pour réussir votre chantilly, utilisez impérativement de la crème liquide entière. C'est grâce au gras qu'elle contient qu'elle montera correctement.

RECETTES

MENU POISSON

PRENEZ LE LARGE !

RECETTE

MENU POISSON
PRENEZ LE LARGE !

Rillettes de maquereau
À LA MOUTARDE DOUCE

Pour **8 personnes**

Préparation **15 minutes**

Difficulté **Très facile**

Coût **Bon marché**

INGRÉDIENTS

2 filets de maquereau fumés au poivre

1 cuil. à café de moutarde douce

½ citron bio

1 échalote grise

⅓ de botte de ciboulette

150 g de fromage frais à tartiner

L'INDISPENSABLE

1 zesteur

1. Zestez le citron puis pressez-le.
2. Pelez et hachez l'échalote.
3. Ciselez la ciboulette.
4. Retirez la peau des filets de maquereau et émiettez la chair avec vos doigts pour en retirer les éventuelles arêtes.
5. Écrasez la chair à la fourchette pour l'émietter plus finement.
6. Écrasez le fromage à la fourchette, ajoutez les miettes de maquereau puis la ciboulette, la moutarde, l'échalote et le zeste de citron.
7. Ajoutez le jus de citron petit à petit, pour délier très légèrement la préparation et selon votre goût : les rillettes doivent être onctueuses.
8. Placez les rillettes dans un pot au réfrigérateur jusqu'au moment de servir. Dégustez sur des cuillères ou avec des tranches de pain grillé.

CONSEIL BUDGET
Le maquereau est un poisson savoureux, bon pour la santé et le porte-monnaie. Profitez-en !

ENTRÉE

RECETTE

MENU POISSON
PRENEZ LE LARGE !

Petits mille-feuilles
À LA CRÈME DE TARAMA

Pour	Congélation	Préparation	Cuisson	Difficulté	Coût
6 personnes	**15 minutes**	**30 minutes**	**5 minutes**	**Facile**	**Moyen**

INGRÉDIENTS

80 g de tarama
30 cl de crème liquide entière
75 g de beurre
6 feuilles de brick
50 g de graines de sésame

LES INDISPENSABLES

1 batteur électrique
1 poche à douille cannelée
1 emporte-pièce de 4,5 cm de diamètre
1 pinceau de cuisine

1. Placez la crème et un saladier au congélateur 15 min avant de commencer la recette.
2. Versez la crème bien froide dans le saladier et battez-la jusqu'à obtenir une chantilly très ferme.
3. Intégrez délicatement le tarama à l'aide d'une spatule.
4. Débarrassez la préparation dans une poche à douille et placez-la au réfrigérateur.
5. Préchauffez le four à 180 °C (th. 6). Faites fondre le beurre à la casserole ou au micro-ondes.
6. Posez 1 feuille de brick sur le plan de travail et pliez-la en quatre. Découpez des disques dans l'épaisseur de la feuille avec un emporte-pièce de 4,5 cm de diamètre. Procédez de même avec les autres feuilles de brick.
7. Placez les disques sur une plaque allant au four recouverte de papier sulfurisé et badigeonnez-les avec un peu de beurre fondu. Saupoudrez de graines de sésame et enfournez pour 5 min, jusqu'à ce que les disques soient dorés, puis laissez refroidir.
8. Superposez 3 disques de brick, ajoutez au centre un peu de mousse de tarama. Posez 2 disques de brick par-dessus, surmontez à nouveau d'un peu de mousse et, enfin, d'un dernier disque de brick. Procédez de même pour les autres mille-feuilles, parsemez-les de graines de sésame et dégustez sans attendre.

PLAT

RECETTE

MENU POISSON
PRENEZ LE LARGE !

Papillote de cabillaud AUX AGRUMES

Pour **8 personnes** | Préparation **20 minutes** | Cuisson **15 minutes** | Difficulté **Facile** | Coût **Moyen**

INGRÉDIENTS

1,2 kg de dos de cabillaud

2 oranges bio

2 pomelos bio

1 kg de carottes de différentes couleurs

4 cuil. à soupe de sauce soja

8 cuil. à soupe d'huile d'olive

Poivre

LES INDISPENSABLES

1 cuit-vapeur
1 zesteur

1. Pelez les carottes, coupez-les en rondelles et faites-les cuire 10 min à la vapeur.
2. Préchauffez le four à 180 °C (th. 6).
3. Prélevez les zestes des oranges et de 1 pomelo. Pelez tous les agrumes à vif. Coupez-les en morceaux. Réservez le jus.
4. Émulsionnez la sauce soja avec l'huile d'olive et le jus d'agrumes dans un bol.
5. Au centre de 8 feuilles de papier sulfurisé, disposez un lit de carottes, un morceau de dos de cabillaud et répartissez les agrumes, la vinaigrette au jus d'agrumes et les zestes. Ajoutez un tour de moulin à poivre.
6. Refermez hermétiquement les papillotes et enfournez pour 15 min.

ASTUCE
Pour peler à vif un agrume, coupez d'abord ses extrémités. Posez-le sur l'une d'elles pour qu'il tienne bien, puis, à l'aide d'un couteau à lame fine, coupez l'écorce et la membrane blanche en suivant la forme du fruit.

CONSEIL BUDGET
Vous pouvez réaliser cette recette avec du lieu, un des poissons les moins coûteux.

ACCOMPAGNEMENT

RECETTE

MENU POISSON
PRENEZ LE LARGE !

Patates douces FARCIES

Pour	Préparation	Cuisson	Difficulté	Coût
8 personnes	**20 minutes**	**1 heure**	**Facile**	**Bon marché**

INGRÉDIENTS

4 patates douces
(ou **8** si elles sont petites)

4 gousses d'ail

2 oignons

2 feuilles de sauge

2 poireaux

8 champignons de Paris

20 marrons cuits

150 g de fromage frais

80 g de cerneaux de noix

Ciboulette

2 cuil. à soupe d'huile d'olive
(+ pour cuisson au four)

Sel, poivre

1. Faites cuire les patates douces lavées mais non pelées dans une grande casserole, départ eau froide, environ 45 min (30 min si elles sont petites).
2. Épluchez et hachez l'ail et l'oignon, puis faites-les revenir dans l'huile d'olive avec les feuilles de sauge dans une poêle.
3. Émincez les poireaux. Hachez les champignons. Ajoutez-les dans la poêle et laissez cuire 25 min.
4. Préchauffez le four à 180 °C (th. 6).
5. Ajoutez les marrons concassés, le fromage frais coupé en dés et les cerneaux de noix concassés. Salez et poivrez.
6. Coupez un chapeau aux patates douces dans la longueur et évidez-les, mélangez la chair à la préparation précédente, puis garnissez les patates de farce.
7. Arrosez d'un filet d'huile d'olive et enfournez pour 15 min.
8. Servez les patates douces parsemées de ciboulette ciselée.

DESSERT

RECETTE

MENU POISSON
PRENEZ LE LARGE !

Crèmes brûlées
À LA MANDARINE ET AU CHOCOLAT

Pour	Préparation	Cuisson	Infusion	Réfrigération	Difficulté	Coût
6 personnes	**15 minutes**	**15 minutes**	**5 minutes**	**4 heures**	**Facile**	**Bon marché**

INGRÉDIENTS

2 mandarines bio
75 cl de crème liquide entière
6 jaunes d'œufs
120 g de sucre en poudre
6 cuil. à soupe de cassonade

Pour la crème au chocolat :
120 g de chocolat noir
25 cl d'eau
8 cl de crème liquide entière
4 cl de lait entier

LES INDISPENSABLES

1 zesteur
1 couteau à dents
1 cul-de-poule
1 fouet
6 ramequins
1 chalumeau

1. Zestez les mandarines.
2. Pelez-les en retirant bien toutes les membranes blanches et tranchez-les finement dans l'épaisseur avec un bon couteau à dents. Réservez les tranches au frais.
3. Mettez la crème dans une casserole avec le zeste râpé des mandarines et faites chauffer jusqu'au premier bouillon. Laissez infuser 5 min.
4. Préchauffez le four à 120 °C (th. 4).
5. Fouettez les jaunes d'œufs avec le sucre dans un cul-de-poule jusqu'à ce qu'ils blanchissent, puis versez peu à peu la crème par-dessus tout en fouettant.
6. Préparez la crème au chocolat. Faites chauffer à feu doux les ingrédients dans une casserole en mélangeant jusqu'à ce que la préparation soit bien homogène.
7. Répartissez la crème au chocolat dans le fond des ramequins. Ajoutez dessus la préparation aux œufs. Enfournez pour 12 à 15 min.
8. Laissez refroidir à la sortie du four, puis mettez les crèmes pour 4 h au réfrigérateur.
9. Passez-les sous la flamme d'un chalumeau pour les faire caraméliser ou sous le gril du four pendant 5 min avant de les servir.

DESSERT

RECETTE

MENU POISSON

PRENEZ LE LARGE !

Poisson feuilleté AU CHOCOLAT

Pour	Préparation	Cuisson	Difficulté	Coût
8 personnes	20 minutes	20 minutes	Facile	Bon marché

INGRÉDIENTS

2 pâtes feuilletées

1 pot de 200 g de pâte à tartiner au chocolat

1 œuf

Bonbons colorés

L'INDISPENSABLE

1 pinceau de cuisine

1. Préchauffez le four à 180 °C (th. 6).
2. Étalez une première pâte feuilletée sur une plaque allant au four recouverte de papier sulfurisé. Étalez la pâte à tartiner dessus. Recouvrez de la seconde pâte feuilletée.
3. Coupez une forme de poisson puis découpez des bandes de pâte d'environ 1,5 cm de chaque côté de l'arête centrale. Torsadez chaque bande.
4. Battez l'œuf dans un bol.
5. Badigeonnez la pâte feuilletée d'œuf.
6. Enfournez pour 20 min.
7. Laissez refroidir puis décorez avec des bonbons colorés.

RECETTES

MENU DE CHEF

POUR ÉPATER LA GALERIE !

RECETTE

MENU DE CHEF
POUR ÉPATER LA GALERIE !

Mini-burgers au radis noir

ET À LA CONFITURE DE FIGUE

Pour	Préparation	Difficulté	Coût
8 personnes	**20 minutes**	**Très facile**	**Bon marché**

INGRÉDIENTS

4 pains à burger aux graines

1 radis noir

4 cuil. à soupe de confiture de figue

50 g de graines germées

Sel, poivre

LES INDISPENSABLES

1 emporte-pièce de 4 cm de diamètre

Des piques en bois

1. Pelez le radis noir.
2. Coupez-le en fines rondelles.
3. Avec un emporte-pièce de 4 cm de diamètre, réalisez des cercles de radis et de pain à burger.
4. Dressez les mini-burgers : sur une rondelle de pain à burger, disposez une couche de confiture de figue, un cercle de radis, une seconde couche de confiture de figue et un dernier cercle de radis.
5. Ajoutez quelques graines germées, refermez les burgers avec une rondelle de pain, puis faites tenir le tout avec une pique.

ENTRÉE

RECETTE

MENU DE CHEF
POUR ÉPATER LA GALERIE !

Soupe de Noël AUX CHAMPIGNONS

Pour	Préparation	Repos	Cuisson	Difficulté	Coût
8 personnes	**15 minutes**	**30 minutes**	**15 minutes**	**Très facile**	**Assez cher**

INGRÉDIENTS

40 g de mélange de champignons secs

800 g de champignons de Paris bruns

200 g de girolles

2 cubes de bouillon de volaille

4 échalotes

3 cuil. à soupe de farine

400 ml de lait

Huile d'olive

Poivre

L'INDISPENSABLE

1 mixeur

1. Placez les champignons séchés dans un bol avec de l'eau tiède pendant 30 min. Égouttez et rincez.
2. Nettoyez et émincez les champignons.
3. Préparez le bouillon : faites bouillir 1 l d'eau avec les cubes de bouillon.
4. Pelez et hachez les échalotes.
5. Faites-les revenir dans une casserole avec 3 cuil. à soupe d'huile d'olive. Ajoutez les champignons de Paris bruns et les girolles et laissez cuire 5 min environ en mélangeant régulièrement avec une cuillère en bois jusqu'à ce que les champignons soient bien dorés.
6. Ajoutez les champignons réhydratés et mélangez. Réservez quelques champignons grillés pour le service.
7. Ajoutez la farine et mélangez.
8. Versez le lait et le bouillon, portez à frémissement, puis baissez le feu et laissez cuire 10 min.
9. Mixez et servez avec un peu de poivre et des champignons grillés.

CONSEIL BUDGET

Pensez à utiliser des champignons surgelés, ils sont délicieux et souvent meilleur marché que les champignons frais.

PLAT

RECETTE

MENU DE CHEF
POUR ÉPATER LA GALERIE !

Tourte de pot-au-feu

Pour	Préparation	Cuisson	Difficulté	Coût
8 personnes	**25 minutes**	**40 minutes**	**Facile**	**Moyen**

INGRÉDIENTS

2 pâtes feuilletées

1,2 kg de reste de viande de pot-au-feu

8 carottes

Quelques brins de persil

1 œuf

Huile d'olive

Sel, poivre

LES INDISPENSABLES

1 cuit-vapeur
1 pinceau de cuisine

1. Préchauffez le four à 210 °C (th. 7).
2. Pelez les carottes et coupez-les en rondelles.
3. Faites-les cuire 10 min à la vapeur.
4. Pendant ce temps, hachez la viande grossièrement et faites-la dorer dans une poêle avec de l'huile d'olive.
5. Ciselez le persil et battez l'œuf dans un bol.
6. Ajoutez les carottes et le persil ciselé dans la poêle, salez et poivrez. Laissez refroidir.
7. Déroulez 1 pâte feuilletée dans un plat allant au four, versez la préparation dessus puis couvrez avec la seconde pâte. Soudez les bords des pâtes ensemble en appuyant avec vos doigts.
8. Découpez 2 cheminées sur le dessus puis badigeonnez d'œuf avec un pinceau de cuisine.
9. Enfournez pour 30 min.

ASTUCE
Une idée originale et anti-gaspi pour utiliser vos restes de pot-au-feu !

RECETTE

MENU DE CHEF
POUR ÉPATER LA GALERIE !

Chou rouge aux marrons ET AU LARD GRILLÉ

PAR Patricia M

Pour	Préparation	Cuisson	Difficulté	Coût
6 personnes	40 minutes	1 heure	Très facile	Moyen

INGRÉDIENTS

1 chou rouge
24 marrons en bocal
100 g de poitrine fumée en fines tranches
2 oignons
3 morceaux de sucre
1 filet de vinaigre
10 cl de vin rouge
50 g de beurre
Sel, poivre

L'INDISPENSABLE

1 cocotte

1. Nettoyez le chou rouge, coupez le trognon et retirez les côtes épaisses, puis émincez-le.
2. Pelez et hachez les oignons.
3. Faites fondre 30 g de beurre dans une cocotte, puis ajoutez le chou rouge et les oignons. Laissez cuire 15 min sans cesser de remuer, salez et poivrez.
4. Ajoutez ensuite les morceaux de sucre, puis le vinaigre et le vin avant de couvrir. Laissez mijoter 45 min sur feu doux.
5. Faites griller le lard dans une poêle sans ajouter de matière grasse.
6. À la fin de la cuisson, ajoutez le lard grillé et les marrons dans la cocotte avec le chou. Servez bien chaud.

ASTUCES

À Noël, ce chou rouge aux marrons accompagnera parfaitement un gibier.

Vous pouvez remplacer le beurre par du saindoux ou de la graisse de canard.

DESSERT

RECETTE

MENU DE CHEF
POUR ÉPATER LA GALERIE !

Bûche de Noël
AU CHOCOLAT ET AUX FRAMBOISES

Pour	Préparation	Cuisson	Réfrigération	Difficulté	Coût
8-10 personnes	**30 minutes**	**12 minutes**	**2 heures**	**Moyenne**	**Moyen**

INGRÉDIENTS

Pour la crème aux framboises :
300 g de framboises surgelées + pour la décoration
200 g de mascarpone
100 g de sucre glace
200 ml de crème liquide entière

Pour le biscuit au chocolat :
4 œufs
100 g de sucre en poudre
80 g de farine
20 g de cacao en poudre non sucré
1 cuil. à café de levure chimique
1 pincée de sel

Pour le glaçage au chocolat :
150 g de chocolat noir
100 ml de crème liquide entière

Pistaches pour la décoration

L'INDISPENSABLE

1 batteur électrique

1. Préparez la crème aux framboises. Faites dégeler les framboises. Mixez-les avec le mascarpone et le sucre glace.
2. Montez la crème liquide bien froide en chantilly au batteur. Incorporez-la délicatement à la préparation au mascarpone et aux framboises.
3. Préchauffez le four à 180 °C (th. 6).
4. Préparez le biscuit au chocolat. Battez les œufs avec le sucre dans un bol jusqu'à ce que le mélange blanchisse et double de volume. Ajoutez la farine tamisée, le cacao, la levure et le sel. Mélangez délicatement jusqu'à obtenir une pâte homogène.
5. Étalez cette pâte sur une plaque allant au four recouverte de papier sulfurisé, sur une épaisseur régulière. Enfournez pour 10 à 12 min. Sortez du four et laissez refroidir quelques minutes.
6. Retournez le biscuit sur un torchon propre et humide. Décollez délicatement le papier sulfurisé. Étalez la crème aux framboises sur le biscuit. Roulez délicatement le biscuit sur lui-même à l'aide du torchon. Placez la bûche ainsi formée sur un plat de service et réservez 2 h au réfrigérateur.
7. Préparez le glaçage. Faites chauffer la crème liquide jusqu'à frémissement. Retirez du feu et ajoutez le chocolat cassé en morceaux. Laissez reposer quelques minutes puis mélangez.
8. Sortez la bûche du réfrigérateur et nappez-la avec le glaçage au chocolat. Décorez avec des framboises fraîches et des pistaches concassées.

DESSERT

RECETTE

MENU DE CHEF
POUR ÉPATER LA GALERIE !

Sabayons aux cerises

Pour	Repos	Préparation	Cuisson	Difficulté	Coût
8 personnes	**30 minutes**	**15 minutes**	**10 minutes**	**Très facile**	**Bon marché**

INGRÉDIENTS

1 kg de cerises surgelées

8 jaunes d'œufs

160 g de sucre en poudre

200 ml de vin blanc sec

2 cuil. à café d'extrait de vanille

LES INDISPENSABLES

1 fouet

1 grand bol résistant à la chaleur

8 ramequins

1. Préparez les cerises. Placez-les dans une passoire et laissez-les décongeler à température ambiante pendant environ 30 min.
2. Remplissez une grande casserole d'eau aux deux tiers et portez à ébullition. Réduisez ensuite à feu doux pour maintenir l'eau à une température frémissante.
3. Préchauffez le four en mode gril.
4. Fouettez les jaunes d'œufs et le sucre dans un grand bol résistant à la chaleur jusqu'à ce que le mélange blanchisse et double de volume. Ajoutez ensuite le vin blanc et l'extrait de vanille.
5. Placez le bol sur la casserole d'eau frémissante (le fond du bol ne doit pas toucher l'eau) et continuez à fouetter constamment pendant environ 8 à 10 min, jusqu'à ce que le sabayon épaississe et forme un ruban épais lorsqu'il est soulevé avec le fouet.
6. Répartissez les cerises décongelées dans des ramequins. Versez le sabayon chaud sur les cerises.
7. Passez sous le gril du four jusqu'à coloration.

RECETTES

MENU TRADI

ON SORT LES CLASSIQUES !

RECETTE

MENU TRADI
ON SORT LES CLASSIQUES !

Saumon fumé

SUR BLINIS TIÈDES

PAR Soquette de Jalhay

Pour	Préparation	Repos	Cuisson	Difficulté	Coût
10 blinis	25 minutes	4 heures	20 minutes	Très facile	Bon marché

INGRÉDIENTS

150 g de saumon fumé en tranches

5 cl de crème fraîche

2 cuil. à soupe d'aneth finement haché + pour décorer

1 cuil. à soupe de jus de citron

Beurre

Sel, poivre

Pour la pâte à blinis :

20 g de levure de boulanger

40 cl de lait à température ambiante

4 œufs

300 g de farine

LES INDISPENSABLES

1 batteur électrique
1 poêle à blinis ou à mini-blinis

1. Préparez les blinis. Mélangez la levure avec le lait. Laissez reposer à température ambiante 5 min.
2. Cassez les œufs en séparant les blancs des jaunes.
3. Versez la farine dans un grand plat creux et faites un puits au centre. Déposez ½ cuil. à café de sel, du poivre et les jaunes d'œufs dans ce puits.
4. Mélangez en ajoutant progressivement le lait avec la levure. Réservez à température ambiante pendant 4 h.
5. Montez les blancs en neige bien ferme et incorporez-les délicatement à la pâte.
6. Faites cuire les blinis dans un peu de beurre bien chaud, en les retournant quand des petits trous se forment sur le dessus.
7. Mélangez la crème et l'aneth dans un bol. Poivrez.
8. Ajoutez le jus de citron pour que la crème épaississe légèrement. Réservez au frais.
9. Avant de servir les blinis, faites-les tiédir au four à 130 °C (th. 3-4). Tartinez-les généreusement de crème à l'aneth.
10. Surmontez de lanières de saumon, décorez d'aneth et servez aussitôt.

ASTUCE

Ajoutez de tout petits dés d'avocat à la crème à l'aneth.

CONSEIL BUDGET

Vous pouvez remplacer le saumon fumé par de la truite fumée pour un apéritif à petit prix.

RECETTE

MENU TRADI
ON SORT LES CLASSIQUES !

Mousse de foies DE VOLAILLE

PAR Claudine France

Pour	Préparation	Cuisson	Réfrigération	Difficulté	Coût
12 personnes	**15 minutes**	**5 minutes**	**3 heures**	**Très facile**	**Moyen**

INGRÉDIENTS

600 g de foies de volaille

1 citron

4 échalotes

150 g de beurre

4 pincées de thym

2 cuil. à soupe de cognac ou de whisky

2 cuil. à soupe de poivre vert

Sel, poivre

LES INDISPENSABLES

1 mixeur
1 grande terrine
ou 2 petites terrines

1. Dénervez les foies de volaille. Pressez le citron.
2. Pelez et hachez finement les échalotes. Faites-les fondre dans une poêle avec un peu de beurre.
3. Ajoutez les foies et le thym, et faites cuire 5 min en remuant. Laissez refroidir.
4. Mixez les foies avec le reste de beurre, le jus du citron, l'alcool et le poivre vert.
5. Salez et poivrez légèrement, puis mettez cette mousse dans une terrine et couvrez-la. Réservez 3 h au frais.

ASTUCES

Trois heures est le temps minimum avant de consommer cette mousse de foies, pour qu'elle ait la bonne texture, mais elle se conservera au réfrigérateur une bonne semaine dans sa terrine, et peut donc être préparée bien à l'avance.

Servez avec des toasts tièdes et un chutney.

RECETTE

MENU TRADI
ON SORT LES CLASSIQUES !

Blanquette de veau
À LA VANILLE

Pour	Préparation	Cuisson	Difficulté	Coût
6 personnes	15 minutes	1 h 30 à 2 heures	Très facile	Moyen

INGRÉDIENTS

1 kg de veau (tendron, collier...)

1 gousse de vanille

2 cubes de bouillon de légumes

25 cl de vin blanc sec

Une dizaine d'oignons grelots

100 g de chou vert

2 carottes

3 pommes de terre moyennes

200 g de petits champignons de Paris

10 cl de crème fraîche

1 jaune d'œuf

½ citron

2 cuil. à soupe de farine

Persil

Beurre

Sel, poivre

L'INDISPENSABLE

1 cocotte

1. Coupez la viande en gros cubes. Faites-les revenir avec un peu de beurre dans une cocotte sans laisser colorer, puis saupoudrez de farine et remuez.
2. Ajoutez les cubes de bouillon, le vin blanc, la gousse de vanille fendue en deux et couvrez d'eau. Mélangez et laissez mijoter.
3. Pendant ce temps, épluchez les oignons. Émincez le chou. Pelez et coupez les carottes en rondelles. Coupez les champignons en deux. Ajoutez le tout à la viande.
4. Laissez mijoter 1 h 30 à 2 h à feu très doux en remuant de temps en temps. À mi-cuisson, ajoutez les pommes de terre pelées. Si besoin, ajoutez de l'eau.
5. Pressez le demi-citron.
6. Mélangez la crème, le jaune d'œuf et le jus du citron dans un bol. Salez et poivrez.
7. Ajoutez ce mélange au dernier moment dans la cocotte, remuez bien et servez aussitôt la blanquette parsemée de persil ciselé.

ASTUCE
Vous pouvez aussi ajouter du zeste de citron râpé au moment de servir.

ACCOMPAGNEMENT

RECETTE

MENU TRADI

ON SORT LES CLASSIQUES !

Gratin dauphinois AUX CHAMPIGNONS

Pour	Préparation	Cuisson	Difficulté	Coût
8 personnes	**25 minutes**	**1 heure**	**Facile**	**Bon marché**

INGRÉDIENTS

2 kg de pommes de terre à chair tendre

500 g de champignons de Paris

3 gousses d'ail

1,5 l de lait

2 pincées de noix muscade râpée

40 cl de crème fraîche épaisse ou semi-épaisse

Persil

Huile d'olive

Beurre

Sel, poivre du moulin

1. Épluchez, lavez, essuyez et coupez les pommes de terre en rondelles fines.
2. Épluchez, dégermez et hachez l'ail.
3. Portez à ébullition dans une casserole le lait, l'ail, du sel, du poivre et la noix muscade, puis plongez-y les pommes de terre et laissez-les cuire 10 à 15 min, selon leur fermeté.
4. Nettoyez et émincez les champignons. Faites-les dorer dans une poêle avec de l'huile d'olive, salez et poivrez.
5. Préchauffez le four à 180 °C (th. 6) et beurrez un plat à gratin.
6. Égouttez les pommes de terre. Disposez-les avec les champignons (gardez-en quelques-uns pour le décor) dans le plat. Recouvrez-les de crème, puis répartissez de petites noix de beurre sur le dessus.
7. Enfournez pour 50 min à 1 h. Les pommes de terre doivent rester un peu fermes en fin de cuisson.
8. Au moment de servir, disposez quelques champignons sur le dessus du gratin et parsemez de persil ciselé.

ASTUCE

Lavez les épluchures des pommes de terre, séchez-les et étalez-les sur une plaque recouverte de papier sulfurisé avec un peu d'huile d'olive, de sel et de poivre, et faites-les croustiller 20 min au four à 160 °C (th. 5-6) : voici des chips parfaites pour l'apéritif !

RECETTE

MENU TRADI
ON SORT LES CLASSIQUES !

Pompe de Noël

Pour	Préparation	Cuisson	Repos	Difficulté	Coût
6 personnes	20 minutes	25 minutes	1 heure	Très facile	Bon marché

INGRÉDIENTS

1 orange bio

8 g de levure de boulanger

500 g de farine

70 g de sucre en poudre

1 cuil. à café de sel

12 cl d'huile d'olive extra-vierge + pour badigeonner

1 cuil. à café d'eau de fleur d'oranger

1 cuil. à café de graines d'anis

1 jaune d'œuf

LES INDISPENSABLES

1 zesteur
1 rouleau à pâtisserie
1 pinceau de cuisine

1. Zestez l'orange.
2. Mélangez la levure dans 12 cl d'eau tiède dans un saladier et laissez reposer pendant 5 min, jusqu'à ce que la levure soit dissoute.
3. Ajoutez la farine, le sucre, le sel et l'huile d'olive, puis pétrissez la pâte comme pour une brioche, jusqu'à ce qu'elle se décolle de la paroi du saladier. En fin de pétrissage, incorporez l'eau de fleur d'oranger, les graines d'anis et 1 cuil. à café de zestes d'orange.
4. Formez une boule avec la pâte et laissez-la lever sous un torchon à température ambiante pendant 1 h.
5. Préchauffez le four à 180 °C (th. 6).
6. Étalez la pâte sur le plan de travail légèrement fariné en formant un disque de 2 cm d'épaisseur.
7. Déposez la pâte sur une plaque allant au four recouverte de papier sulfurisé. Réalisez des entailles sur le dessus avec la pointe d'un couteau. Badigeonnez avec le jaune d'œuf.
8. Enfournez pour 25 min.
9. À la sortie du four, badigeonnez la pompe d'huile d'olive et laissez-la refroidir sur une grille.

RECETTE

MENU TRADI
ON SORT LES CLASSIQUES !

Bûche légère
AUX MARRONS

PAR pupuna

Pour	Préparation	Trempage	Cuisson	Réfrigération	Difficulté	Coût
8 personnes	15 minutes	15 minutes	1 minute	3 heures	Facile	Moyen

INGRÉDIENTS

350 g de crème de marron
12 biscuits à la cuillère
20 cl de crème fleurette
1 ½ feuille de gélatine
20 cl de lait tiède sucré
6 mini-meringues
6 marrons glacés (facultatif)

LES INDISPENSABLES

1 batteur électrique
1 moule à bûche

1. Placez le saladier, les branches du fouet et la crème 15 min au congélateur, puis battez la crème en chantilly.
2. Faites tremper la gélatine pendant 15 min dans de l'eau froide.
3. Faites chauffer la moitié de la crème de marron au micro-ondes 1 min à puissance moyenne ou dans une casserole. Essorez la gélatine, puis ajoutez-la à la crème de marron et mélangez.
4. Ajoutez à ce mélange la crème de marron restante, puis incorporez très délicatement la chantilly.
5. Chemisez un moule à cake ou, mieux, une gouttière à bûche d'une feuille d'aluminium ou de film alimentaire.
6. Versez un peu moins de la moitié de l'appareil, posez une rangée de biscuits bien imbibés de lait, puis le reste de l'appareil et une seconde rangée de biscuits.
7. Réservez au réfrigérateur pendant 3 h minimum.
8. Démoulez et décorez avec éventuellement les marrons glacés et les mini-meringues pour un effet enneigé.

ASTUCE
Les marrons glacés étant assez chers, vous pouvez en mettre des brisures entre les couches de crème (ou pas), et ne garder que les meringues sur le dessus.

RECETTES

MENU VEGGIE

LES LÉGUMES PRENNENT UN AIR DE FÊTE !

RECETTE

MENU VEGGIE
LES LÉGUMES PRENNENT UN AIR DE FÊTE !

Tarama vegan
À LA CAROTTE

Pour	Préparation	Cuisson	Repos	Difficulté	Coût
8 personnes	10 minutes	5 minutes	1 heure	Très facile	Moyen

INGRÉDIENTS

200 g de tofu fumé

1 citron

20 cl de crème de soja

2 g d'agar-agar en poudre

4 cuil. à soupe de jus de carotte

4 cuil. à soupe d'algues séchées en paillettes

4 cuil. à soupe de yaourt nature de soja

1 cuil. à soupe d'huile d'olive

Sel, poivre

LES INDISPENSABLES

1 fouet
1 mixeur

1. Coupez le tofu en cubes.
2. Pressez le citron.
3. Mettez la crème de soja, l'agar-agar, le jus de carotte et les algues dans une casserole. Portez le tout à ébullition en fouettant.
4. Transférez le mélange dans le bol d'un mixeur, puis mixez.
5. Ajoutez le tofu, le jus de citron, le yaourt et l'huile d'olive. Salez, poivrez, puis mixez finement. Laissez refroidir.
6. Versez la préparation dans un bocal et réservez au frais pour au moins 1 h.
7. Dégustez le tarama végétal bien frais avec des croûtons de pain ou des gressins.

ASTUCE
Pour une teinte moins orangée et plus rose, remplacez le jus de carotte par 2 à 3 cuillerées à soupe de jus de betterave.

ENTRÉE

RECETTE

MENU VEGGIE
LES LÉGUMES PRENNENT UN AIR DE FÊTE !

Foie gras végétal

Pour	Préparation	Trempage	Cuisson	Repos	Difficulté	Coût
6 personnes	**30 minutes**	**1 heure**	**5 minutes**	**12 heures**	**Moyenne**	**Cher**

INGRÉDIENTS

30 g de noix de cajou
1 échalote
200 g de champignons de Paris
70 ml de lait d'avoine
100 g de pois chiches cuits
1 cuil. à café de miso blanc
½ cuil. à café de cannelle
45 ml d'eau
15 ml de vin blanc sec
4 g d'agar-agar
½ cuil. à café de sel
½ cuil. à café de poivre
Baies roses
Huile d'olive
Fleur de sel

LES INDISPENSABLES

1 mixeur
1 terrine

1. Placez les noix de cajou dans un saladier avec de l'eau chaude et laissez tremper 1 h.
2. Pelez et hachez l'échalote. Nettoyez et hachez les champignons.
3. Faites-les revenir ensemble dans une poêle avec de l'huile d'olive.
4. Mixez les noix de cajou égouttées, le lait d'avoine et les pois chiches jusqu'à l'obtention d'une pâte. Ajoutez les champignons et l'échalote, le miso et la cannelle, le sel, le poivre, et mixez à nouveau.
5. Faites chauffer l'eau, le vin blanc et l'agar-agar dans une casserole, en mélangeant régulièrement jusqu'à ébullition, puis baissez le feu et laissez encore chauffer 20 s en mélangeant pour activer l'agar-agar.
6. Ajoutez-les aux autres ingrédients et mixez jusqu'à l'obtention d'une texture lisse.
7. Versez dans une terrine et placez 1 nuit au réfrigérateur.
8. Saupoudrez de fleur de sel et de baies roses au moment de servir.

ASTUCE
Servez avec de fines tranches de pain grillées.

PLAT

RECETTE

MENU VEGGIE

LES LÉGUMES PRENNENT UN AIR DE FÊTE !

Tarte fine au camembert, CRANBERRIES ET NOISETTES

Pour	Préparation	Cuisson	Difficulté	Coût
8 personnes	**20 minutes**	**1 h 20**	**Facile**	**Moyen**

INGRÉDIENTS

2 pâtes feuilletées

2 camemberts de 250 g chacun

400 g de cranberries fraîches ou surgelées

40 g de noisettes entières décortiquées

2 branches de céleri avec les feuilles

1 petit oignon rouge

15 g de beurre

Sel, poivre

LES INDISPENSABLES

2 plats à tarte

1. Nettoyez le céleri, puis émincez-le en réservant les feuilles pour la fin. Pelez et hachez l'oignon.
2. Faites-les revenir dans le beurre pendant 10 min.
3. Ajoutez les cranberries, salez et poivrez, puis versez un fond d'eau et couvrez. Laissez suer 5 à 10 min pour les attendrir, puis laissez complètement refroidir.
4. Préchauffez le four à 200 °C (th. 6-7).
5. Déroulez une des deux pâtes avec son papier sulfurisé sur une plaque allant au four.
6. Retirez la croûte sur le tour des deux camemberts, puis taillez-les en fines tranches.
7. Concassez grossièrement les noisettes.
8. Répartissez la moitié de la poêlée céleri-cranberries sur le fond de tarte à 1 cm du bord et disposez la moitié des lamelles de camembert par-dessus. Parsemez de noisettes et enfournez pour 35 à 40 min.
9. Pendant ce temps, émincez les feuilles de céleri réservées et préparez la seconde tarte.
10. Lorsque la première tarte est cuite, sortez-la du four et enfournez la seconde pour 35 à 40 min.
11. Poivrez et parsemez la première tarte de feuilles de céleri hachées, puis réchauffez-la avant de la déguster avec la seconde tarte.

ASTUCES

Pour concasser les noisettes, placez-les sur une planche à découper, puis hachez-les avec un grand couteau.

Vous pouvez remplacer les cranberries par de gros raisins secs pour une recette bon marché.

PLAT

RECETTE

MENU VEGGIE

LES LÉGUMES PRENNENT UN AIR DE FÊTE !

Strudel salé de pâte filo

AU POTIRON, POIREAU ET FRUITS SECS

Pour	Préparation	Cuisson	Difficulté	Coût
6 personnes	30 minutes	20 minutes	Facile	Moyen

INGRÉDIENTS

4 feuilles de pâte filo
600 g de potiron
2 poireaux
60 g de noix
60 g de noisettes
60 g de raisins secs
1 cuil. à café de quatre-épices
100 g de tofu fumé
Quelques brins de persil
Noix muscade
Huile d'olive
Sel, poivre

LES INDISPENSABLES

1 cuit-vapeur
1 pinceau de cuisine

1. Lavez les légumes.
2. Coupez le potiron en cubes et faites-les cuire à la vapeur, puis réduisez-les en purée. Salez, poivrez et ajoutez le quatre-épices.
3. Émincez les poireaux puis faites-les fondre dans une poêle avec de l'huile d'olive, salez et poivrez. Ajoutez le tofu émietté, les fruits secs, le persil haché et 1 pincée de noix muscade, puis mélangez.
4. Préchauffez le four à 200 °C (th. 6-7).
5. Étalez une première feuille de pâte filo sur une plaque allant au four recouverte de papier sulfurisé. Badigeonnez d'huile d'olive avec un pinceau, recouvrez d'une nouvelle feuille de pâte filo et poursuivez jusqu'à ce qu'il n'y ait plus de feuilles.
6. Déposez la purée de potiron sur une bande latérale correspondant au tiers environ des feuilles de pâte filo et la fondue de poireau par-dessus.
7. Roulez le tout en un gros rouleau. Badigeonnez-le d'huile d'olive et enfournez pour 20 min.

DESSERT

RECETTE

MENU VEGGIE
LES LÉGUMES PRENNENT UN AIR DE FÊTE !

Nougat glacé vegan DE NOËL

Pour	Préparation	Cuisson	Congélation	Difficulté	Coût
6 personnes	**30 minutes**	**5 minutes**	**2 heures**	**Moyenne**	**Moyen**

INGRÉDIENTS

40 cl de crème de coco

15 cl d'aquafaba (jus de conserve de pois chiches)

100 g de sucre en poudre

100 g de sirop de sucre de canne

100 g de copeaux de noix de coco grillés + pour le décor

100 g de pistaches non salées décortiquées + pour le décor

LES INDISPENSABLES

1 batteur électrique
1 moule à cake

1. Placez la crème de coco au congélateur pendant 20 min.
2. Pendant ce temps, versez le jus de pois chiche dans un saladier et montez-le en neige avec un batteur électrique (cela prend un peu plus de temps qu'avec des blancs d'œufs).
3. Faites chauffer le sucre et le sirop de sucre de canne dans une casserole jusqu'à l'obtention d'un sirop.
4. Versez le sirop sur l'aquafaba monté en neige tout en continuant de fouetter.
5. Battez encore 5 min jusqu'à ce que le mélange commence à tiédir. Réservez.
6. Montez la crème de coco en chantilly très ferme. Ajoutez-la délicatement à la préparation précédente.
7. Ajoutez les copeaux de noix de coco grillés et les pistaches concassées. Mélangez délicatement.
8. Versez la préparation dans un moule tapissé de film alimentaire puis placez au moins 2 h au congélateur.
9. Avant de servir, décorez le nougat glacé de copeaux de noix de coco grillés et de pistaches concassées.

ASTUCE
Vous pouvez servir votre nougat glacé avec un coulis de fruits rouges.

RECETTE

MENU VEGGIE
LES LÉGUMES PRENNENT UN AIR DE FÊTE !

Verrines aux poires ET AU CHOCOLAT

Pour	Préparation	Cuisson	Difficulté	Coût
8 personnes	**20 minutes**	**5 minutes**	**Très facile**	**Bon marché**

INGRÉDIENTS

8 poires

160 g de chocolat noir pâtissier

4 spéculoos

50 g de beurre demi-sel

2 cuil. à soupe de sucre en poudre

2 cuil. à soupe de jus de citron

15 cl de crème liquide

LES INDISPENSABLES

8 verrines

1. Émiettez les spéculoos.
2. Pelez les poires et coupez-les en petits dés.
3. Faites-les cuire dans une poêle avec le beurre.
4. Saupoudrez d'un peu de sucre et versez le jus de citron. Faites légèrement caraméliser les poires à feu vif puis laissez tiédir et répartissez dans 8 verrines.
5. Hachez le chocolat au couteau, portez la crème à frémissement puis versez sur le chocolat dans un bol.
6. Au bout de 2 min, mélangez et versez la ganache sur les poires. Saupoudrez de miettes de spéculoos.

RECETTES

MENU FUN

OSEZ LES FORMES ET LES COULEURS !

RECETTE

MENU FUN

OSEZ LES FORMES ET LES COULEURS !

Sapin de Noël

FEUILLETÉ AU PESTO

Pour	Préparation	Cuisson	Difficulté	Coût
8 personnes	25 minutes	30 à 40 minutes	Moyenne	Bon marché

INGRÉDIENTS

2 pâtes feuilletées

4 cuil. à soupe de pesto

1 jaune d'œuf

Graines de sésame

Graines de nigelle

L'INDISPENSABLE

1 pinceau de cuisine

1. Préchauffez le four à 180 °C (th. 6). Déroulez 1 pâte feuilletée sur une plaque allant au four en gardant son papier sulfurisé.
2. Découpez une forme de sapin dans la pâte, puis tartinez de pesto en laissant 1 cm de bord libre. Humidifiez le bord au pinceau.
3. Recouvrez avec la seconde pâte feuilletée, puis découpez la pâte en suivant le contour du sapin. Soudez les bords en appuyant légèrement dessus.
4. Pour former les branches, entaillez la pâte au couteau de chaque côté du tronc en commençant par le bas. Le tronc fait 2 cm de large et les branches environ 1,5 cm.
5. Torsadez les bandes de pâte en faisant un tour.
6. Badigeonnez de jaune d'œuf dilué avec un peu d'eau au pinceau, parsemez de graines de sésame et de nigelle et enfournez pour 30 à 40 min.

ASTUCE

Après avoir découpé la forme du sapin, gardez les chutes de pâte pour faire des feuilletés.

ENTRÉE

RECETTE

MENU FUN

OSEZ LES FORMES ET LES COULEURS !

Bonbons croustillants

AU SAUMON ET AU FROMAGE FRAIS

Pour	Préparation	Cuisson	Difficulté	Coût
8 personnes	**20 minutes**	**10 minutes**	**Très facile**	**Moyen**

INGRÉDIENTS

1 pavé de saumon de 500 g

250 g de fromage frais

Quelques brins d'aneth

8 feuilles de pâte filo

Huile d'olive

LES INDISPENSABLES

1 pinceau de cuisine

Ficelle de cuisine

1. Préchauffez le four à 180 °C (th. 6).
2. Ciselez l'aneth.
3. Coupez le saumon en dés et mélangez-le avec le fromage frais et l'aneth ciselé.
4. Coupez 1 feuille de filo en quatre, badigeonnez chaque morceau d'huile d'olive et superposez-les. Déposez 1 cuillerée à soupe de la préparation au centre.
5. Enroulez la feuille de filo et vrillez les extrémités de la pâte pour former un bonbon. Fermez avec de la ficelle de cuisine.
6. Confectionnez ainsi les autres bonbons.
7. Posez-les sur une plaque allant au four et enfournez pour 10 min.
8. Servez avec une salade type mesclun.

CONSEIL BUDGET

Pour une recette moins onéreuse, vous pouvez remplacer le saumon par du thon au naturel.

PLAT

RECETTE

MENU FUN
OSEZ LES FORMES ET LES COULEURS !

Koulibiac de saumon

Pour	Préparation	Cuisson	Difficulté	Coût
8 personnes	**30 minutes**	**40 minutes**	**Moyenne**	**Moyen**

INGRÉDIENTS

2 pâtes feuilletées
2 filets de saumon de 400 g environ
1 échalote
100 g de riz
1 bouquet de ciboulette
400 g d'épinards surgelés
80 g de beurre
1 jaune d'œuf
½ citron
Sel, poivre

L'INDISPENSABLE

1 pinceau de cuisine

1. Pelez et hachez l'échalote. Faites cuire le riz, égouttez-le rapidement, incorporez-y 15 g de beurre et de la ciboulette ciselée.
2. Faites chauffer 15 g de beurre dans une sauteuse et faites-y blondir l'échalote, puis ajoutez les épinards et la moitié de la ciboulette. Laissez « sécher » les épinards 5 min à feu vif en remuant, puis mélangez-les au riz à la ciboulette.
3. Déroulez le premier rouleau de pâte feuilletée sur une plaque allant au four en gardant son papier sulfurisé.
4. Déposez les filets de saumon dessus, côte à côte ou l'un derrière l'autre selon leur taille. Salez et poivrez. Recouvrez-les du mélange épinards-riz.
5. Humidifiez les bords de la pâte feuilletée puis déroulez le second rouleau de pâte et couvrez-en la préparation. Soudez bien les deux pâtes et coupez l'excédent.
6. Préchauffez le four à 180 °C (th. 6). Découpez une forme de poisson à l'aide d'un couteau fin. Ajoutez des détails sur le dessus (œil, nageoire...).
7. Badigeonnez la surface du koulibiac de jaune d'œuf battu au pinceau.
8. Enfournez pour 35 à 40 min. La pâte doit être bien dorée.
9. Préparez une sauce en faisant à peine fondre le reste de beurre avec le jus du demi-citron (le beurre ne doit pas cuire mais il doit rester crémeux), salez légèrement et poivrez généreusement, ajoutez un peu de ciboulette ciselée. Servez cette sauce à part.

ACCOMPAGNEMENT

RECETTE

MENU FUN

OSEZ LES FORMES ET LES COULEURS !

Couronne de patate douce

AU ROQUEFORT

Pour	Préparation	Cuisson	Difficulté	Coût
6 personnes	**30 minutes**	**45 minutes**	**Facile**	**Bon marché**

INGRÉDIENTS

1 pâte brisée

650 g de patates douces

200 g de roquefort

1 oignon rouge

1 cuil. à soupe d'huile d'olive

1 œuf

Sel, poivre

L'INDISPENSABLE

1 pinceau de cuisine

1. Préchauffez le four à 180 °C (th. 6).
2. Pelez et hachez l'oignon rouge.
3. Pelez les patates douces et coupez-les en cubes.
4. Placez l'oignon et les patates douces sur une plaque allant au four, versez l'huile d'olive en filet, salez, poivrez et enfournez pour 15 min.
5. Débarrassez et laissez tiédir.
6. Déroulez la pâte brisée sur la plaque en gardant son papier sulfurisé. Réalisez 4 incisions de 10 cm au centre de la pâte de manière à obtenir une croix à 8 branches. Réalisez 8 autres incisions de 10 cm en partant des bords de la pâte vers l'intérieur.
7. Répartissez, sur la surface sans entailles de la tarte (entre les deux lignes de triangles), les cubes de patates douces, les oignons et le roquefort émietté. Salez et poivrez. Rabattez les triangles de pâte sur la garniture.
8. Badigeonnez la pâte feuilletée avec l'œuf battu.
9. Enfournez pour 30 min.

DESSERT

RECETTE

MENU FUN

OSEZ LES FORMES ET LES COULEURS !

Fondant étoilé

À LA CHÂTAIGNE ET AU CHOCOLAT

Pour	Préparation	Cuisson	Difficulté	Coût
8 personnes	**20 minutes**	**25 minutes**	**Très facile**	**Moyen**

INGRÉDIENTS

500 g de crème de marron

100 g de chocolat noir
+ **20 g** pour la décoration

100 g de beurre
+ **10 g** pour le moule

3 œufs

Sucre glace

LES INDISPENSABLES

1 fouet
1 moule en forme d'étoile
1 Économe

1. Préchauffez le four à 150 °C (th. 5).
2. Faites fondre tout doucement le chocolat et le beurre coupés en morceaux dans une casserole au bain-marie ou au micro-ondes.
3. Battez les œufs en omelette dans un bol.
4. Mélangez le chocolat et le beurre jusqu'à l'obtention d'une pâte lisse, ajoutez la crème de marron et les œufs battus.
5. Beurrez un moule en forme d'étoile. Versez la préparation dedans.
6. Enfournez pour 25 min.
7. Laissez refroidir à la sortie du four et démoulez.
8. Au moment de servir, saupoudrez de sucre glace et de copeaux de chocolat réalisés avec un Économe.

ASTUCE
Vous pouvez utiliser un pochoir en forme d'étoile pour faire un dessin avec le sucre glace.

DESSERT

RECETTE

MENU FUN

OSEZ LES FORMES ET LES COULEURS !

Sucettes SAPINS DE NOËL

Pour	Préparation	Cuisson	Réfrigération	Difficulté	Coût
8 personnes	**25 minutes**	**55 minutes**	**2 heures**	**Facile**	**Bon marché**

INGRÉDIENTS

6 œufs

200 g de sucre en poudre

200 g de confiture de clémentine

125 g de poudre d'amande

125 g de fécule de maïs

10 g de beurre

Décors en sucre : perles, étoiles, vermicelles colorés, etc.

Pour les glaçages :

200 g de chocolat noir

200 g de chocolat blanc

200 g de beurre

LES INDISPENSABLES

1 moule à manqué de 22 cm de diamètre

Des bâtonnets en bois

1. Préchauffez le four à 180 °C (th. 6). Beurrez un moule à manqué de 22 cm de diamètre.
2. Battez les œufs avec le sucre dans un saladier puis incorporez la confiture de clémentine, la poudre d'amande et la fécule.
3. Versez la pâte dans le moule et enfournez pour 50 min à 1 h. Plantez la lame d'un couteau au centre du biscuit : elle doit ressortir sèche.
4. Laissez refroidir le gâteau avant de le démouler, puis placez-le au moins 2 h au réfrigérateur pour qu'il raffermisse.
5. Pendant ce temps, cassez chaque chocolat en morceaux et placez-les chacun dans un récipient sur une petite casserole. Répartissez le beurre en morceaux et 8 cuil. à soupe d'eau dans les casseroles.
6. Faites fondre chacun d'entre eux au bain-marie jusqu'à obtenir un glaçage lisse. Laissez légèrement refroidir les glaçages.
7. Préparez les sucettes. Coupez le gâteau en 8 parts égales. Enfoncez un bâtonnet de bois dans la croûte périphérique de chaque part.
8. Déposez la moitié des parts sur une grille et nappez-les de glaçage au chocolat blanc. Nettoyez la grille et recommencez l'opération avec le reste du gâteau et le glaçage au chocolat noir.
9. Décorez les sucettes de perles et d'étoiles en sucre, ou du décor de votre choix, et laissez figer au frais avant de déguster.

RECETTES

MENU APÉRO DÎNATOIRE

PAR ICI LES BONNES BOUCHÉES !

RECETTE

MENU APÉRO DÎNATOIRE
PAR ICI LES BONNES BOUCHÉES !

Samoussas au poulet, ÉPINARDS ET CURRY

Pour	Préparation	Cuisson	Difficulté	Coût
16 samoussas	20 minutes	25 minutes	Facile	Bon marché

INGRÉDIENTS

8 feuilles de brick
300 g de blanc de poulet
400 g de pousses d'épinards
1 cuil. à café de curcuma
1 cuil. à café de cumin
1 cuil. à café de gingembre
50 g d'amandes
Quelques brins de coriandre
150 g de fromage de chèvre frais
2 cuil. à soupe d'huile d'olive

L'INDISPENSABLE
1 pinceau de cuisine

1. Préchauffez le four à 180 °C (th. 6).
2. Placez les amandes sur une plaque de cuisson puis enfournez pour 10 min (gardez le four chaud pour l'étape 8). Laissez refroidir et concassez-les grossièrement.
3. Ciselez la coriandre.
4. Coupez le poulet en petits morceaux puis faites-les dorer dans une poêle avec un peu d'huile d'olive. Ajoutez les épices, mélangez et réservez.
5. Faites fondre les épinards dans la même poêle avec un peu d'huile d'olive, salez, poivrez et ajoutez le fromage de chèvre frais. Ajoutez le poulet, les amandes et la coriandre.
6. Coupez les feuilles de brick en deux. Prenez une première moitié de feuille de brick : rabattez la partie ronde, disposez un petit tas de farce sur l'extrémité supérieure puis rabattez le coin du haut vers le bas pour former un triangle. Répétez l'opération jusqu'au bout de la feuille de brick.
7. Disposez le samoussa sur une plaque recouverte de papier sulfurisé, badigeonnez-le d'huile d'olive avec un pinceau. Réalisez ainsi les autres samoussas.
8. Enfournez pour 15 minutes.

ASTUCE
Vous pouvez également frire vos samoussas dans de l'huile végétale bien chaude dans une poêle.

RECETTE

MENU APÉRO DÎNATOIRE
PAR ICI LES BONNES BOUCHÉES !

Barquettes d'endives

ET SALADE DE BOULGOUR AUX GRAINES DE GRENADE

Pour	Préparation	Difficulté	Coût
8 personnes	**30 minutes**	**Facile**	**Bon marché**

INGRÉDIENTS

3 endives
2 grenades
Huile d'olive
Vinaigre de cidre

Pour la salade de boulgour :
150 g de boulgour
Le jus de ½ citron jaune
2 cuil. à soupe d'huile d'olive
1 oignon nouveau
1 brin de menthe
¼ de concombre
1 carotte
Sel, poivre

L'INDISPENSABLE
1 passoire fine

1. Faites cuire le boulgour dans 2 fois son volume d'eau bouillante salée pendant 10 min et égouttez-le.
2. Ajoutez le jus de citron et l'huile d'olive ; mélangez.
3. Hachez l'oignon et ciselez la menthe, coupez le concombre pelé et épépiné et la carotte épluchée en tout petits morceaux. Ajoutez tous ces ingrédients au boulgour, salez et poivrez. Réservez au frais.
4. Prélevez les graines des grenades. Écrasez-en la moitié dans une passoire fine au-dessus d'un bol pour en récolter le jus. Faites une vinaigrette avec le jus de grenade : 2 cuil. à soupe d'huile et ½ cuil. à soupe de vinaigre de cidre ; salez et poivrez. Réservez.
5. Coupez le talon des endives et effeuillez-les. Sélectionnez les plus belles feuilles et gardez le reste pour une autre recette. Lavez les feuilles sélectionnées et séchez-les. Remplissez-les de salade de boulgour et parsemez-les de graines de grenade.
6. Servez avec la vinaigrette au jus de grenade.

ASTUCE
La grenade est riche en antioxydants et en vitamine C. Sa peau séchée en infusion est une boisson détox de premier plan. Alors ne la jetez pas ! Faites-la sécher au four à 50 °C pendant 2 h, puis mettez-la dans une théière, couvrez-la largement d'eau bouillante et laissez-la infuser 20 min.

RECETTE

MENU APÉRO DÎNATOIRE
PAR ICI LES BONNES BOUCHÉES !

Aumônières
AUX PÉTONCLES ET AUX POIREAUX

Pour	Préparation	Cuisson	Difficulté	Coût
8 personnes	**20 minutes**	**15 minutes**	**Facile**	**Moyen**

INGRÉDIENTS

500 g de noix de pétoncle

6 poireaux

300 g de crevettes roses décortiquées

60 cl de crème fraîche

Quelques brins de coriandre

Baies roses

1 paquet de feuilles de pâte filo

Quelques brins de ciboulette

Huile d'olive

Sel, poivre

L'INDISPENSABLE

1 pinceau de cuisine

1. Lavez les poireaux et émincez-les finement.
2. Faites-les cuire dans une poêle avec de l'huile d'olive. Quand ils sont fondus, ajoutez les crevettes et la crème fraîche.
3. Poêlez les noix de pétoncle dans un peu d'huile d'olive. Mélangez à la préparation précédente, salez et poivrez. Ajoutez quelques feuilles de coriandre et une petite pincée de baies roses.
4. Préchauffez le four à 210 °C (th. 7).
5. Huilez 3 feuilles de pâte filo avec un pinceau, superposez-les et déposez 1 cuil. à soupe de la préparation au centre.
6. Fermez en aumônière à l'aide d'un brin de ciboulette. Placez l'aumônière sur une plaque allant au four et recommencez l'opération jusqu'à épuisement des ingrédients.
7. Enfournez pour 15 min.

ASTUCE

Traditionnellement, cette recette se prépare avec des noix de saint-jacques, mais les pétoncles sont moins chers.

RECETTE

MENU APÉRO DÎNATOIRE

PAR ICI LES BONNES BOUCHÉES !

Galettes de polenta AU FROMAGE

Pour	Préparation	Cuisson	Difficulté	Coût
8 personnes	**20 minutes**	**35 minutes**	**Très facile**	**Bon marché**

INGRÉDIENTS

250 g de polenta

100 g de parmesan

150 g de comté

1,5 l de lait

1 ½ cuil. à café de sel

4 œufs

1 cuil. à soupe de graines de sésame

1 cuil. à soupe de graines de pavot

1 cuil. à soupe de graines de courge

Quelques brins de thym

Poivre

L'INDISPENSABLE

1 emporte-pièce rond

1. Préchauffez le four à 180 °C (th. 6).
2. Râpez le parmesan et coupez le comté en petits morceaux.
3. Portez le lait à ébullition dans une grande casserole avec le sel.
4. Versez la polenta en pluie et laissez cuire 5 min sans cesser de remuer avec une cuillère en bois.
5. Laissez tiédir, ajoutez le parmesan et le comté, les œufs battus, les graines, les feuilles de thym, et mélangez.
6. Versez le mélange sur une plaque allant au four recouverte de papier sulfurisé. Étalez sur 2 à 3 cm d'épaisseur.
7. Enfournez pour 30 min.
8. Découpez les galettes avec un emporte-pièce rond et servez.

MENU APÉRO DÎNATOIRE
PAR ICI LES BONNES BOUCHÉES !

Pommes de pin AU CHOCOLAT

Pour	Préparation	Réfrigération	Difficulté	Coût
8 personnes	20 minutes	20 minutes	Facile	Bon marché

INGRÉDIENTS

300 g de chocolat noir

4 ½ cuil. à soupe de beurre de cacahuète

4 ½ cuil. à soupe d'huile de coco

1 ½ cuil. à soupe de beurre

100 g de céréales en forme de pétales de chocolat

Sucre glace

1. Faites fondre le chocolat tout doucement au bain-marie ou au micro-ondes.
2. Mettez le beurre de cacahuète, l'huile de coco et le beurre dans un bol.
3. Versez dessus le chocolat fondu et mélangez.
4. Placez au réfrigérateur 20 min.
5. Formez des cônes avec la ganache qui a figé.
6. Insérez les pétales de chocolat tout autour des cônes de ganache pour former des pommes de pin.
7. Replacez au frais afin que cela fige à nouveau.
8. Saupoudrez les pommes de pin de sucre glace.

RECETTE

MENU APÉRO DÎNATOIRE

PAR ICI LES BONNES BOUCHÉES !

Truffes tout chocolat

ET TRUFFES À LA NOIX DE COCO

PAR rose_13731148

Pour	Préparation	Cuisson	Difficulté	Coût
30 à 50 truffes	30 minutes	5 minutes	Facile	Bon marché

INGRÉDIENTS

250 g de chocolat

100 g de beurre

2 jaunes d'œufs

3 cuil. à soupe de sucre en poudre

2 cuil. à soupe de lait

100 g de noisettes décortiquées

Noix de coco râpée

Cacao amer en poudre

1. Faites fondre le chocolat avec le beurre dans une casserole au bain-marie ou au micro-ondes.
2. Débarrassez dans un saladier. Ajoutez les œufs, le sucre, le lait et les noisettes concassées, et mélangez avec un fouet jusqu'à obtenir une pâte lisse.
3. Laissez reposer jusqu'à durcissement de la pâte.
4. Prélevez de la pâte à l'aide d'une petite cuillère, puis roulez-la entre vos mains pour former une boule de la taille de votre choix. Continuez jusqu'à ce qu'il n'y ait plus de pâte au chocolat.
5. Préparez deux assiettes creuses : une avec le cacao amer, l'autre avec la noix de coco râpée.
6. Roulez la moitié des truffes dans le cacao, l'autre dans la noix de coco.

L'INDISPENSABLE

1 fouet

ASTUCE

Pour concasser les noisettes, placez-les sur une planche à découper, puis hachez-les avec un grand couteau.

RECETTES

MENU FROMAGE

PAR PURE GOURMANDISE !

RECETTE

MENU FROMAGE
PAR PURE GOURMANDISE !

Madeleines de polenta

À LA SAUGE ET À L'EMMENTAL

Pour	Préparation	Cuisson	Difficulté	Coût
6 personnes	**20 minutes**	**35 minutes**	**Très facile**	**Bon marché**

INGRÉDIENTS

375 g de farine de maïs
1 bouquet de sauge
90 g d'emmental râpé
110 g de beurre
20 g de sel
Poivre

LES INDISPENSABLES

1 moule à madeleines
1 pinceau de cuisine

1. Préparez la pâte des madeleines. Versez 1,5 l d'eau dans une casserole. Ajoutez 20 g de sel et portez à ébullition. Quand l'eau bout, versez la farine de maïs en pluie en mélangeant avec une spatule en bois.
2. Baissez le feu et laissez cuire pendant 20 min sans cesser de remuer. Poivrez.
3. En fin de cuisson, ajoutez 90 g de beurre en morceaux et l'emmental. Mélangez bien.
4. Beurrez le moule à madeleines. Remplissez-le de la préparation. Posez 1 feuille de sauge sur chaque madeleine. Laissez refroidir complètement.
5. Préchauffez le four à 210 °C (th. 7).
6. Faites fondre le beurre restant. Badigeonnez-en les madeleines et enfournez pour 15 min.
7. Sortez les madeleines du four et démoulez-les aussitôt. Servez chaud.

RECETTE

MENU FROMAGE
PAR PURE GOURMANDISE !

Sapins de brie
AUX FRUITS SECS

Pour	Préparation	Difficulté	Coût
10 sapins	**10 minutes**	**Moyenne**	**Assez cher**

INGRÉDIENTS

10 portions de brie

1 cuil. à soupe de pistaches nature décortiquées

10 noix de macadamia

10 amandes complètes

5 figues séchées

5 abricots secs

10 sticks de bretzels apéritif

2 cuil. à soupe de miel liquide

1. Concassez les pistaches et les noix de macadamia. Effilez les amandes dans la longueur avec un bon couteau.
2. Taillez les figues et les abricots en pépites.
3. Retirez la croûte des portions de brie dans leur partie supérieure. Enfoncez un stick de bretzel dans la croûte latérale de chaque portion.
4. Répartissez les fruits secs et les fruits à coque sur les sapins en pressant légèrement pour faire adhérer la garniture sur le brie.
5. Placez-les sur un plat de service et nappez-les d'un filet de miel. Réservez à température ambiante jusqu'au moment de servir.

ASTUCES

Vous pouvez couper directement les sapins dans un brie entier.

Vous pouvez utiliser des amandes fumées pour apporter une saveur supplémentaire.

Optez pour des pistaches mondées afin de profiter de leur belle couleur verte.

Choisissez n'importe quel miel : s'il est solide, il vous suffit de le faire légèrement chauffer pour le liquéfier.

CONSEIL BUDGET

Pour une recette plus économique, vous pouvez remplacer les noix de macadamia par des cerneaux de noix.

PLAT

RECETTE

MENU FROMAGE
PAR PURE GOURMANDISE !

Rôti de porc
AU CAMEMBERT ET AUX NOISETTES

Pour	Préparation	Cuisson	Difficulté	Coût
8 personnes	**15 minutes**	**1 h 10**	**Très facile**	**Moyen**

INGRÉDIENTS

1 rôti de porc de 1,6 kg environ

400 g de camembert

100 g de noisettes décortiquées

4 branches de thym frais

400 ml de bouillon de volaille

Huile d'olive

Sel, poivre

1. Préchauffez le four à 180 °C (th. 6).
2. Salez et poivrez le rôti puis faites-le dorer sur toutes les faces dans une poêle avec un peu d'huile d'olive.
3. Placez-le dans un plat et enfournez pour 1 h.
4. Versez le bouillon de volaille dans une casserole et ajoutez le thym effeuillé. Portez à ébullition, puis réduisez à feu doux et laissez mijoter pendant environ 10 min pour que les saveurs infusent.
5. Ajoutez le camembert coupé en morceaux. Remuez doucement jusqu'à ce que le camembert soit complètement fondu et que la sauce soit homogène.
6. Ajoutez ensuite les noisettes concassées et mélangez bien.
7. Servez le rôti avec la sauce.

ASTUCE
Pour concasser les noisettes, placez-les sur une planche à découper, puis hachez-les avec un grand couteau.

ACCOMPAGNEMENT

RECETTE

MENU FROMAGE
PAR PURE GOURMANDISE !

Gratin de chou-fleur
AU CHÈVRE DE TOURAINE

Pour	Préparation	Cuisson	Difficulté	Coût
8 personnes	**15 minutes**	**30 minutes**	**Très facile**	**Moyen**

INGRÉDIENTS

2 choux-fleurs moyens

200 g de fromage de chèvre de Touraine

2 gousses d'ail

200 ml de crème liquide entière

Noix muscade

100 g d'emmental râpé

Huile d'olive

Sel, poivre

1. Préchauffez le four à 200 °C (th. 6-7).
2. Coupez les choux-fleurs en bouquets et plongez-les dans une casserole d'eau bouillante salée pendant environ 5 min, jusqu'à ce qu'ils soient légèrement tendres mais encore croquants. Égouttez-les.
3. Coupez le fromage de chèvre en deux. Émiettez une moitié, coupez l'autre en rondelles.
4. Épluchez et hachez l'ail. Faites-le revenir dans une casserole avec un peu d'huile d'olive.
5. Ajoutez la crème liquide, le fromage de chèvre émietté et 1 pincée de noix muscade. Salez légèrement et poivrez. Laissez mijoter pendant 2 à 3 min en remuant constamment, jusqu'à ce que le fromage soit complètement fondu et que la sauce soit lisse et crémeuse.
6. Disposez les bouquets de chou-fleur dans un plat à gratin beurré. Versez la sauce au fromage de chèvre dessus.
7. Saupoudrez l'emmental sur le dessus du gratin et ajoutez les rondelles de fromage de chèvre.
8. Placez le plat à gratin au four et faites cuire pendant environ 20 min.

MERRY

DESSERT

RECETTE

MENU FROMAGE
PAR PURE GOURMANDISE !

Vatrouchka

AUX RAISINS SECS

PAR Free Spirit

Pour	Préparation	Réfrigération	Cuisson	Difficulté	Coût
8 personnes	30 minutes	30 minutes	40 minutes	Facile	Bon marché

INGRÉDIENTS

Pour la pâte :
250 g de farine
125 g de beurre
40 g de sucre en poudre
1 sachet de sucre vanillé
1 pincée de sel
5 cl de lait

Pour la garniture :
3 œufs
500 g de fromage blanc à 40 % de M.G.
10 cl de crème fraîche
40 g de fécule de maïs
1 poignée de gros raisins secs
135 g de sucre en poudre
1 sachet de sucre vanillé

Pour la décoration :
Sucre glace (facultatif)

1. Préparez la pâte. Mélangez la farine avec le beurre coupé en dés. Incorporez le sucre, le sucre vanillé, la pincée de sel, puis, petit à petit, le lait.
2. Quand la pâte est homogène, formez une boule, puis laissez-la reposer 30 min au réfrigérateur.
3. Après réfrigération, étalez la pâte au rouleau à pâtisserie.
4. Placez votre pâte dans un plat à tarte à bord haut chemisé de papier sulfurisé. Piquez le fond à la fourchette. Réservez au réfrigérateur le temps de préparer la garniture.
5. Préchauffez le four à 200 °C (th. 6-7).
6. Séparez les jaunes des blancs d'œufs.
7. Mélangez le fromage blanc, la crème fraîche, les jaunes d'œufs, la fécule de maïs, les raisins secs, le sucre et le sucre vanillé dans un saladier.
8. Montez les blancs d'œufs en neige, puis incorporez-les délicatement au mélange avec une spatule.
9. Répartissez la préparation au fromage blanc sur le fond de tarte.
10. Enfournez pour 40 min.
11. Laissez refroidir, puis saupoudrez légèrement de sucre glace avant de servir.

LES INDISPENSABLES

1 batteur électrique
1 plat à tarte à bord haut
1 rouleau à pâtisserie

DESSERT

RECETTE

MENU FROMAGE
PAR PURE GOURMANDISE !

Banoffee pie AU MASCARPONE

Pour	Préparation	Réfrigération	Difficulté	Coût
8 personnes	15 minutes	1 nuit	Très facile	Moyen

INGRÉDIENTS

3 bananes bien mûres
½ paquet de spéculoos
½ paquet de petits-beurre
80 g de beurre
1 pincée de fleur de sel
250 g de mascarpone
50 g de sucre en poudre
125 g de confiture de lait
50 g de chocolat noir en copeaux

1. Faites fondre le beurre.
2. Concassez les biscuits, puis mélangez-les avec le beurre fondu et la fleur de sel jusqu'à obtenir un mélange sableux.
3. Tapissez le fond d'un plat à tarte avec la préparation et tassez bien. Réservez au réfrigérateur.
4. Fouettez dans un saladier le mascarpone avec le sucre. Réservez.
5. Étalez la confiture de lait sur le fond de tarte aux biscuits.
6. Épluchez et coupez les bananes en rondelles, disposez-les sur la confiture de lait.
7. Recouvrez généreusement les bananes de mascarpone sucré avec une spatule, puis saupoudrez de copeaux de chocolat.
8. Placez au réfrigérateur pendant une nuit avant de déguster.

LES INDISPENSABLES

1 plat à tarte
1 fouet

ASTUCE

Vous pouvez remplacer les biscuits par une pâte à tarte sablée cuite à blanc.

RECETTES

MENU KIDS

C'EST LA FÊTE DES ENFANTS !

RECETTE

MENU KIDS
C'EST LA FÊTE DES ENFANTS !

Bonshommes de neige EN BOUDIN

Pour	Préparation	Cuisson	Difficulté	Coût
6 personnes	20 minutes	10 minutes	Facile	Bon marché

INGRÉDIENTS

2 boudins blancs
2 feuilles de gélatine
1 noix de beurre
80 g de compote de pommes

LES INDISPENSABLES

1 évideur à pomme
Des piques en bois

1. Mettez les feuilles de gélatine à tremper dans de l'eau froide.
2. Coupez les boudins en rondelles épaisses.
3. Faites revenir les rondelles de boudin à la poêle avec un peu de beurre.
4. À l'aide d'un évideur à pomme, retirez le centre de chaque rondelle de boudin (gardez les centres pour faire les têtes des bonshommes).
5. Faites chauffer la compote de pommes avant d'y incorporer les feuilles de gélatine essorées.
6. Garnissez le centre de chaque grande rondelle de boudin de compote et laissez reposer au frais.
7. Sur une pique en bois, piquez une petite rondelle de boudin, puis une grande rondelle à la pomme de façon à former un bonhomme de neige.
8. Décorez selon votre goût et ce que vous avez sous la main.

ENTRÉE

RECETTE

MENU KIDS

C'EST LA FÊTE DES ENFANTS !

Soufflés au fromage

PAR Veronique_296

Pour
8 personnes

Préparation
15 minutes

Cuisson
30 minutes

Difficulté
Facile

Coût
Bon marché

INGRÉDIENTS

300 g d'emmental ou de gruyère râpé

120 g de beurre

120 g de farine

80 cl de lait

10 œufs

Noix muscade

Sel, poivre

LES INDISPENSABLES

8 ramequins
1 fouet
1 batteur électrique

1. Préchauffez le four à 180 °C (th. 6). Beurrez les ramequins.
2. Faites chauffer le beurre dans une casserole. Ajoutez la farine et remuez rapidement pendant 1 min. Versez le lait tiédi et remuez au fouet pendant quelques minutes à feu doux. Retirez la casserole du feu.
3. Séparez les blancs des jaunes d'œufs. Montez les blancs en neige avec une pincée de sel.
4. Versez les jaunes d'œufs un à un dans la casserole refroidie, puis le fromage. Râpez un peu de noix muscade, salez légèrement et poivrez.
5. Incorporez délicatement les blancs d'œufs.
6. Versez la préparation dans les ramequins jusqu'à 2 cm du bord. Enfournez pour 20 à 25 min.

PLAT

RECETTE

MENU KIDS

C'EST LA FÊTE DES ENFANTS !

Parmentier de butternut

AU CONFIT DE CANARD

Pour **8 personnes**

Préparation **20 minutes**

Cuisson **1 h 20**

Difficulté **Très facile**

Coût **Moyen**

INGRÉDIENTS

1,5 kg de butternut
8 cuisses de canard confites
1,5 kg de pommes de terre
200 ml de lait entier
4 cuil. à soupe de crème
1 pincée de noix muscade
1 cuil. à soupe de chapelure
Quelques brins de persil
Sel, poivre

1. Préchauffez le four à 180 °C (th. 6).
2. Pelez et épépinez le butternut et coupez-le en morceaux.
3. Disposez les morceaux de butternut sur une plaque allant au four recouverte de papier sulfurisé et enfournez pour 30 min.
4. Pelez les pommes de terre et faites-les cuire dans de l'eau bouillante salée pendant 20 min.
5. Faites tiédir le lait.
6. Écrasez les légumes en purée avec le lait et la crème. Ajoutez la noix muscade. Salez et poivrez.
7. Émiettez les cuisses de canard confites, disposez-les dans un plat, ajoutez la purée de légumes par-dessus, saupoudrez de chapelure et enfournez pour 30 min.
8. Servez parsemé de persil haché.

RECETTE

MENU KIDS
C'EST LA FÊTE DES ENFANTS !

Pommes de terre HÉRISSON

Pour	Préparation	Cuisson	Difficulté	Coût
8 personnes	15 minutes	45 minutes	Facile	Bon marché

INGRÉDIENTS

16 pommes de terre de même taille

Thym

Romarin

Origan

Paprika

80 g de beurre

Huile d'olive

Fleur de sel

Poivre du moulin

L'INDISPENSABLE

1 grand plat allant au four

1. Préchauffez le four à 180 °C (th. 6).
2. Lavez et essuyez les pommes de terre, puis entaillez-les dans le sens de la largeur à intervalle régulier sans aller jusqu'au bout, de façon à conserver chaque pomme de terre entière.
3. Posez les pommes de terre dans un grand plat allant au four. Parsemez-les de thym, de romarin, d'origan, de fleur de sel, de poivre et de paprika.
4. Mettez une noisette de 5 g de beurre au sommet de chaque pomme de terre. Arrosez le tout d'un filet d'huile d'olive.
5. Enfournez pour 45 min. Les pommes de terre doivent être bien tendres à cœur.

ASTUCE
Ces pommes de terre accompagnent à merveille toutes les viandes blanches, dont les volailles de Noël.

DESSERT

RECETTE

MENU KIDS
C'EST LA FÊTE DES ENFANTS !

Maison EN PAIN D'ÉPICES

Pour	Préparation	Cuisson	Réfrigération	Difficulté	Coût
8-10 personnes	1 heure	1 heure	2 heures	Moyenne	Bon marché

INGRÉDIENTS

Pour la maison :
500 g de farine
2 sachets de levure chimique
2 cuil. à soupe d'épices à pain d'épices
500 g de miel
200 ml d'eau
200 ml de lait

Pour le glaçage :
150 g de sucre glace
1 blanc d'œuf

Pour la décoration :
Des bonbons colorés

LES INDISPENSABLES

Du papier
1 règle
1 crayon
1 emporte-pièce en forme de bonhomme

1. Préparez la maison. Mélangez la farine, la levure et les épices dans un saladier.
2. Ajoutez le miel et mélangez.
3. Faites tiédir le lait et l'eau ensemble et versez-les dans le saladier en mélangeant bien.
4. Versez la pâte obtenue dans un grand plat et placez-le 2 h au réfrigérateur.
5. Préchauffez le four à 160 °C (th. 5-6) et enfournez le gâteau pour 1 h.
6. Pendant ce temps, préparez les gabarits de la maison sur une feuille de papier avec une règle et un crayon (2 murs pignons – soit 2 carrés surmontés chacun de 1 triangle –, 2 rectangles pour les murs, 2 rectangles plus grands pour le toit).
7. Laissez refroidir la pâte, puis découpez les formes avec un couteau en suivant les gabarits.
8. Préparez le glaçage en mélangeant le sucre et le blanc d'œuf. Utilisez-le pour coller les différentes parties de la maison entre elles en vous aidant d'une spatule, puis découpez un bonhomme avec un emporte-pièce.
9. Décorez avec des bonbons que vous collerez avec du glaçage.

RECETTE

MENU KIDS

C'EST LA FÊTE DES ENFANTS !

Gâteau de crêpes AU CHOCOLAT

Pour	Préparation	Cuisson	Réfrigération	Difficulté	Coût
8 personnes	1 heure	1 heure	4 h 30	Facile	Bon marché

INGRÉDIENTS

Pour la pâte à crêpes :

100 g de farine

1 cuil. à soupe de sucre en poudre

1 pincée de sel

2 œufs

25 cl de lait

30 g de beurre + un peu pour la cuisson

Pour la ganache :

200 g de chocolat noir à dessert

20 cl de crème liquide

Billes de chocolat

LES INDISPENSABLES

1 batteur électrique
1 moule à manqué

1. Préparez la pâte à crêpes. Faites fondre 30 g de beurre. Mélangez la farine avec le sucre et le sel dans un saladier, formez un puits au centre, puis ajoutez les œufs et le lait froid, et fouettez au batteur électrique jusqu'à ce que la pâte soit bien lisse.
2. Incorporez le beurre fondu et refroidi. Laissez reposer 1 h au frais.
3. Pendant ce temps, préparez la ganache. Faites bouillir la crème sur feu doux et ajoutez le chocolat coupé en morceaux, puis laissez-le fondre en mélangeant jusqu'à obtenir une crème lisse et brillante. Réservez.
4. Faites cuire dans une poêle une dizaine de crêpes fines et glissez-les sur une assiette.
5. Divisez la ganache en deux parties, et fouettez-en une partie au batteur électrique quelques secondes, pour la rendre plus mousseuse.
6. Chemisez un moule à manqué de film alimentaire.
7. Déposez une crêpe, couvrez-la de ganache et continuez avec les autres crêpes en les couvrant de ganache chaque fois.
8. Placez 3 h au frais.
9. Démoulez, couvrez avec la ganache restante, décorez avec des billes de chocolat et placez à nouveau au réfrigérateur pour 30 min.

ASTUCE

Pour plus de gourmandise, servez le gâteau accompagné d'une crème anglaise à la vanille.

Couverture : C1 : Marielle/Photocuisine ; Fénot/Photocuisine ; Marmiton ; C4 : Balme/Photocuisine ; Magdananka/ Shutterstock ; Stockfood/Photocuisine.

Photographies : p. 7 : Lawton / Photocuisine ; p. 9 : Jubault / Photocuisine ; p. 11 : Presse Partenaire / Photocuisine ; p. 13 : De Cérou / Photocuisine ; p. 15 : Carnet / Photocuisine ; p. 17 : sveta_zarzamora / Getty Images ; p. 21 : Studio / Photocuisine ; p. 23 : larik_malasha / Shutterstock ; p. 25 : Tremblay / Photocuisine ; p. 27 : Dragon_Fly / Shutterstock ; p. 29 : Kerouédan / Photocuisine ; p. 31 : Oksana_Schmidt / Shutterstock ; p. 35 : Boulay / Photocuisine ; p. 37 : Bagros / Photocuisine ; p. 39 : Fénot / Photocuisine ; p. 41 : Magdanatka / Shutterstock ; p. 43 : Viel / Photocuisine ; p. 45 : Constantini / Photocuisine ; p. 49 : Balme / Photocuisine ; p. 51 : Thys / Photocuisine ; p. 53 : Constantini / Photocuisine ; p. 55 : Ploton / Photocuisine ; p. 57 : Fénot / Photocuisine ; p. 59 : Madani / Photocuisine ; p. 63 : Elena Shashkina / Shutterstock ; p. 65 : A Point Studio / Photocuisine ; p. 67 : Nicolas Edwige / Photocuisine ; p. 69 : StockFood / Candis Magazine / Benson, Terry ; p. 71 : Lamy / Photocuisine ; p. 73 : Desgages / Photocuisine ; p. 77 : Nicolas Edwige / Photocuisine ; p. 79 : Doutreligne / Photocuisine ; p. 81 : Marielle / Photocuisine ; p. 83 : Lawton / Photocuisine ; p. 85 : Demarquoy / Photocuisine ; p. 87 : Lady Coquillette / Photocuisine ; p. 91 : Fotologija / Shutterstock ; p. 93 : Amiel / Photocuisine ; p. 95 : Hall / Photocuisine ; p. 97 : De Cérou / Photocuisine ; p. 99 : Fénot / Photocuisine ; p. 101 : StockFood / Ungereit-Le, Natascha ; p. 105 : Doutreligne / Photocuisine ; p. 107 : Photocuisine / StockFood ; p. 109 : Marielle / Photocuisine ; p. 111 : Constantini / Photocuisine ; p. 113 et p. 115 : Thys / Photocuisine ; p. 119 : Lawton / Photocuisine ; p. 121 : Marielle / Photocuisine ; p. 123 : Studio / Photocuisine ; p. 125 : Lacroix / Photocuisine ; p. 127 : Perrin / Photocuisine ; p. 129 : Syl d AB / Photocuisine ; p. 133 : Marmiton ; p. 135 : StockFood / Ken Field Photography ; p. 137 : Presse Partenaire / Photocuisine ; p. 139 : Iga Miltsova / Shutterstock ; p. 141 : Ruth Black / Shuttertsock ; p. 143 : Desgages / Photocuisine.

Merci à tous les membres de l'équipe Marmiton et à l'ensemble des marmitons qui, pour notre plus grand bonheur, apportent chaque jour leur pierre à l'édifice de transmission que constitue Marmiton.

Réalisation
Les Pointilleuses

Suivi éditorial
Judith Nouvion

Réalisation graphique
Isabelle Southgate

Collaboration pour la rédaction
Marina Lamy, Laurence Alvado, Béatrice Argentier-Le Squer

Correction
Camille Didelon

Fabrication
Christian Toanen et Nikola Savic

Dépôt légal : octobre 2024
ISBN 13 : 978-2-7499-5900-9
LAF3128D
Achevé d'imprimer en UE